Kleiner **HAPPY-MACHER**

FÜR: Olivia

GRAFIK WERKSTATT

THINK POSITIVE *always!*

WENN MAL EINE *Schraube locker ist,* HAT DAS LEBEN MEHR SPIEL.

Mach einfach dein Ding!

IRGENDJEMAND
FINDET ES
SOWIESO DOOF.

Das Leben ist großartig!

DU MUSST NUR DIE PASSENDE BRILLE TRAGEN.

BLEIB chillig heute!

Die Zeit ist zu kurz für Langeweile.

Haf Spaß & feier das Leben!

Kleiner Tipp:
DAS PASSWORT HEISST

HUMOR.

SCHAU DEM ERNST DES
ALLTAGS TAPFER INS GESICHT
UND SCHENKE IHM EIN

AUGEN-
ZWINKERN!

Lebe, liebe
und vor allem
lache!

ES GIBT NICHTS SCHÖNERES
ALS EIN LÄCHELN,
DAS VON HERZEN KOMMT.

Das Leben ist zum Feiern da, tanz mal drüber nach!

LIEBER EIN BISSCHEN *gaga sein,* ALS WENN ALLES EINFACH NUR MAU IST.

Hello beautiful!

WER SCHÖN SEIN WILL, MUSS LACHEN!

Sei *glücklich,* das steht dir am besten!

EIN KLEINER
Tanz im Sonnenschein,
DAS LEBEN KANN
SO EINFACH SEIN!

BLEIB AUTHENTISCH UND verbieg dich für niemanden!

VERGISS DIE WELT,
atme das
Glück,
FRISS DEN WAHNSINN!

Gib deine **Träume** niemals auf.

SCHLAF WEITER!

DU KANNST.

ENDE DER GESCHICHTE.

EIN KLEINES KÜSSCHEN KOSTET NICHTS UND MACHT TOTAL *happy!*

EINFACH *lächeln und winken,* WENN DIR JEMAND DUMM KOMMT!

Wenn es sich gut anfühlt,

JUST DO IT!

Glaub immer an deine Power!

Bildnachweis
Titel und Seite 21: © Per-Gunnar Ostby/Getty Images;
Seiten 3, 8, 11, 16, 20, 24 und 40: © shutterstock.de;
Seite 7: © Olga Dmitrieva, Caters News Agency, animal press;
Seite 12: © gemredding/Getty Images; Seite 19: © mauritius images/S. Uhl;
Seite 23: © caters news agency, animal press; Seite 27: © somesens/Getty Images;
Seite 28: © Bernd Zoller/Imagebroker/OKAPIA; Seite 32: © mlorenzphotography/Getty Images;
Seite 35: © Oksana Schmidt/Getty Images; Seite 36: © John Fedele/Getty Images;
Seite 43: © Elena Eliachevitch/Getty Images; Seite 44: © Max Bailen/Getty Images;
Seite 47: © Jim Watt/Getty Images

Textnachweis
Seiten 14, 25 und 30: Kartini Diapari-Öngider; Seite 41: Werner Bethmann

Die Rechte für die Texte liegen bei den Autoren/Verlagen.
Trotz intensiver Bemühungen war es dem Verlag leider nicht in allen
Fällen möglich, den jeweiligen Rechtsinhaber ausfindig zu machen:
Für Hinweise sind wir dankbar. Rechtsansprüche bleiben gewahrt.

ISBN 978-3-86229-571-5

GW-Trading GmbH
Stadtring Nordhorn 113
33334 Gütersloh
Deutschland

© GRAFIK WERKSTATT Das Original
www.grafik-werkstatt.de